AF275704

# ARTE DE SOMBRAS

# ARTE DE SOMBRAS

## LEONARDO RUIZ-DÍAZ

**Valparaíso**
EDICIONES

Número 523 de la Colección VALPARAÍSO DE POESÍA
dirigida por FEDERICO DÍAZ-GRANADOS

Diseño de la colección: Chari Nogales

Maquetación: Ciclo Creativo
Imagen de portada: *La paresse (Laziness)*, 1896, Félix Vallotton,
National Gallery of Art, Washington DC

Primera edición: octubre de 2025

© De los poemas: Leonardo Ruiz-Díaz

© Valparaíso Ediciones
C/ Fray Leopoldo, 7 bajo, 18014 Granada
www.valparaisoediciones.es

ISBN: 979-13-87538-90-3
Depósito Legal: GR 1490-2025

Impreso en España - *Printed in Spain*
Gráficas Gami

# ARTE DE SOMBRAS

*Aunque marche por el Valle de la Sombra...*
*SALMO DE DAVID, XXIII*

*El alma del poeta se orienta hacia el misterio.*
*Sólo el poeta puede mirar lo que está lejos [...]*
ANTONIO MACHADO,
*SOLEDADES, GALERÍAS Y OTROS POEMAS*

# BABELES

Un caminar disperso
reúne los rostros en el agua
en un mismo relente
un solo silencio
una misma luz
un solo sueño

Ser Absoluto se aleja
con un caminar disperso

# TIEMPO

Y de aquella vez fueron las lágrimas todos los mares
como metrallas apuntando al crucifijo empotrado de las horas
imágenes que se repiten como islas en el aire tejido de la tarde
de aquel mosto cielo que sangra miríadas de pájaros espejismos
tramas que se encuentran como amantes como sepias catedrales
donde un hondo suspirar abre zanjas en la tierra
como pozos de sombra
lejos del fin del mundo     y lejos también de las cosas
impregnadas de muerte
allá en lo más alto de una llanura que se arraiga en ráfagas de ocaso
que se trepa en torzales de sueño con su espiga ebria de leyendas
Una mano dócil recorriendo los fondos de arena,
esa tierra suelta de los días...
esa resaca prolongada que silenciosa esparce su veneno
como metrallas apuntando al crucifijo empotrado de las horas
Cuando por primera vez las lágrimas, llenáronse los mares

# ROSARIO

Si así lo has de querer
 —que cuente
uno a uno los días
uno a otro los silencios
los agitados mares de sombra
que defienden a trote tu mirada
como viejos abalorios de sangre
en el abismo agolpado de luz
que surge entre tus manos

esas manos levemente desatadas
que son cada una las muertes de cristo
el resuello de no sé qué verbo encadenado
que en su retiro suspendido de eternidades
apremia el curso de toda noche por venir
 Encuentro
  una sola
  encrucijada sombra

# ES DURO CAMINAR JUNTO A TI

Es duro caminar junto a ti
por este sendero de piedra
donde niño me uní contigo
en una inscripción profunda
en la costra superficie de un árbol
      y de todos los árboles

En una inscripción profunda
fuimos uno,    solos tú y yo,
          inseparables

# DILUVIO

Abierto el paraguas se veía el cielo por todas partes
y al fondo una cruz puntera como metáfora del laberinto
círculos
    horas
        piedras
            vastas galerías en que cierra la vida
con sus altos brazos de arcilla,
      las promesas hoscas de la noche
donde giran a perderse todos los nombres
            ciertas flores y cantos
el desencadenado vuelo de las aves que nace del influjo
de algún astro
o esa cifra de sueño aporreando los hinchados caminos
de la soledad
cuando el ser humano aún temía perderse en los
vértigos de tu ausencia
¡Y que más tema a la muerte la muerte misma que se
muere sola!
Que al ser humano que suele andar en marcha llegue
acaso el día
una distancia que lo orille a sentarse bajo su propia compañía
condenado a ver pasar sus ojos por alegres temporales
enjugando sus lágrimas con amores y cantos
¡Jamás secarán las flores, jamás secará la vida!
y esa barca tuya será tan sólo otro naufragio
que —torpe— se abre paso entre ruinas

# AMOR DE AJOLOTES

*a Sylvia Hultqvist*

Mira si no te querré, animalito siempre joven
    sentado en un tronco allá por la punta del río
    frente al gran estuario de la vida   veo pasar las hojas secas
la corriente arrastra el otoño  :esas cosas mojadas de muerte
  y yo tranquilo        como las piedras de este mismo río
  —que ciertamente ya no es el mismo, jamás lo será—
veo pasar las hojas        los enramados del tiempo
esos que uno a uno se desprendieron ayer con esa otra corriente
son arrastrados esta mañana por el río
  —que ciertamente no es el mismo—

Y sin embargo te veo nadando hacia mí, animalito siempre joven
    estás dentro del agua   sumergida   pero el agua no te toca
    te vienes acercando poco a poco   y sé que pronto llegarás
    eres la misma de ayer
    el río se adapta a tu curso   y sé que pronto llegarás
    mientras tanto        seguiré esperándote
    sentado en un tronco frente al gran estuario de la vida
    mirando cómo pasan las cosas detrás
    —como quien mira desde lo hondo de un sueño—
    porque tú eres siempre la misma
            eres el lenguaje   y todo lo que se escapa
            mira si no te querré, animalito siempre joven

# ETERNO RETORNO

*a Hubert Alfonsi*

En cada sombra
nace otra palabra
cada vez más tenue
cada vez más fina
como la noche
profunda
en que
cierra
una
nueva
sombra
sus brazos
generaciones
sobre esa otra
palabra que
sueña ser
la vida
cuando
se nombra

# DE PROFUNDIS

Desde lo hondo de tu ausencia clamo a ti, señor
   con la misma voz con que encaro el desgano
   y con el mismo dolor de quien ha perdido la fe

Desde lo hondo de esta herida abierta que es la existencia
me abandono en ti y me abandono —también— en tu
palabra sorda

Mi sangre viene a postrarse al borde de tu desierto
donde alguna vez hubo de ser pronunciada esta oración
y donde ahora camino contrito a la última instancia de la culpa
pues sé que pronto he de convertirme   en tierra
                                  en humo
                                  en polvo
                                  en nada

## BREVE ENSAYO SOBRE
## EL COLOR DE TUS OJOS

Esta tarde      te prefiero con anteojos
no sabría decir cómo    pero esta tarde es así
        desnuda       disimulada tras el vidrio
agrandándote en la espesura de un instante
ajustada por los ojos al gran circo del mundo
donde la escena intuye una alquimia de leones
tus ojos son dos altos aros de fuego
la pista es un músculo tenso a punto de reventar
y hay una luz que se clava como crucifijo sobre el domador
se clava y deja raíces y hace crecer tus ojos
      tu mirada      que de pronto se llena de leones
y de admiración
mientras la sombra de una sirena desbaratada estalla en
marañas de sueño
No sabría decir cómo    pero esta tarde así te quiero
repitiéndote a ti misma en abismos de espejo hasta el fin
de la tierra
hasta esa herida abierta en que termina el lenguaje
          y la poesía es sólo el silencio de tus ojos
un dios que a tientas busca nombrarse en el fondo claro
del encuentro
y el acto sigue su curso entre malabares de determinismo
con el que te amparas
recoges tu vida en esta cajita de vanidad a la cual amo dar
cuerda
quizás sea eso, ¿sabes?
esta tarde      simplemente    debías llevar gafas

de otro modo no hubiéramos continuado a querernos
hasta el fin de la tierra
       hasta esa herida abierta en que termina el lenguaje
y la poesía...

La poesía es sólo mirar tus ojos en silencio
hasta dar de nuevo con esa alquimia de leones
las acrobacias que me llevarán a adivinar
el color exacto que ilumina tus pupilas

# SPECULUM MAIUS

Dos veces la sombra para encontrar el día
dos veces más el día para encontrar la noche
y toda esta vida que declina en grados de ausencia
hasta dar espigas con el justo consuelo de tu nombre
cayendo de a poco en estiajes de párpados laberintos
al borde de un mar abierto a más oscuro desengaño
entre espejos calados de tu luminaria parecencia
donde tú no eres más que un manojo de canto

cuanto más la sombra se dobla en oriente
cuanto más los días a punto retroceden

como si para encontrar el día    la noche
                            hubiera de multiplicar
                            mi suerte
    un cierto silencio
    un instante    solamente

# DESVELO

Sueño cada pájaro ser alado
sueño inmóvil mientras duerme
sueño que plumas zarpan la marea
   y descubren los visos de otro cielo
      : la aciaga quietud bajo el volcán

y entre tanto sueño          sueño   ser alado
                            cada vez más pájaro

# PATER NOSTER

No soy ni la mitad cadáver de médano de sombras como
cuando ayer de mi desierto te ausentaste, padre mío
    con un paso tristón e inconcluso
    con tu girón de no sé qué tela inmunda
    y que en su cauce de lapidadas voces gemía
curvando su lábaro-estandarte a un cielo no más alto
    (no más bajo tampoco)
    que el más hondo suspiro de la piel-de-ser-hombre
en su nómada leyenda de pájaro sin alas
    de profecía que se escribe —ah qué sé yo—
    al pie de la lámpara de noche,   padre nuestro
en esas horas de angustia que seguido se espigan en la
concha del desierto
y de sus cruces de agua que son la hostia de todo lo árido

# LA TRAVIATA

Sin que nos enteráramos
llegó un día en que dejamos de saber

Dejamos también los adioses
las cosas que tienen la forma del viento
los otoños a la mala     el color de las aves
los sopranos
         : todo eso quedó atrás
Como se abandonan las voces en una sala de concierto
        la claridad entre los andenes
De a poco
    fuimos cediendo a los caprichos del ocaso
       acercándonos en afrentas de olvido
como si detrás la historia se repitiera con su bestia humana
       y su delirio de profeta y arcángel
       pues todos somos pavura
       somos el mismo ojo crucificado
       que crece entre sombras de gavina
En aquel mar de nuestra herida existencia
una galería inquietante de húmeros
reta el ábside de sueño con que nos hacemos daño
Por demás del fin de la tierra
    las hojas descaradas  los espejos llenos de tibia sombra
    y esta música atada en simular silencios  y noches
    y la vida que pasa tan corriendo...

dejando atrás los adioses
los pájaros de otoño las risas convertidas en río
un desfile de húmedas postales que perecen al decir "lo siento"
Como si fuera esta,        una escena más de la Traviata

# SILENCIO

Non ti prego la mínima excusa de silencio ni aura magna
que supone la tua parábola
Non ti sento con la carne que erige santuarios minuciosos
con un trágico desgane y pronto se vuelve con su rostro
ensangrentado de estrellas y abandonos de solsticio
No te oigo sine qua non te busco en mis voces de náufrago
designio como el espejo que se yergue en la ausencia de
tu ausencia
Non ti tocco perchè il tuo corpo è una nuvola dietro
un'altra che mi sembra piutostto la silueta de una plegaria
dormida en mitad de la noche
Non ti guardo ni siquiera posso mirarte con estos ojos
oscurecidos por mil herbarios
contenedores de universos de fe de noche sacra
Non ti credo distante aun cuando te haces de cruces en
la espalda y te caminas directo al gólgota con los pies
rastrando el alma
Non ti prego, ma ti amo. E ío sé que hondo escuchas la
sepultura de luz que todo silencio oculto ha de volver a
la vida

# ESCULTURA

Piedra
tras piedra
se oculta
caprichosa
infinita
una sombra
tantos mares
en una lágrima
esta infancia
en caída libre
piedra tras
piedra
los sueños
de todo aquel
intempestivo
dolor de
quererse
las manos
los huesos
los hijos
Todo

# OTOÑO

*Yo no sé los salmos de las hojas secas...*
*"OTOÑO", SOLEDADES (1903), A. MACHADO*

Ahora tus caminos me aparecen mentiras deshojadas,
cosas del otoño que abatidas se esparcen por doquier
como plegarias ondeando al aire en un cuarto oscuro
acres pedimentos que merman tu ya vencida ausencia
que con tórrida *sbornia* de remanso de desierto profundo
auguran el mandarino de los árboles... como ministerios,
como patriarcas cuya palabra infame es azote de piedra
desplomándose en el sacramental de la humanidad presente

Cómo no darme cuenta ahora de que tus caminos,
                              esas mentiras deshojadas,
ocultan un rastro de fango en el cual hundirse la vida...

# CANTO DE LAS DÁDIVAS

Decían que por no dar algo      no daba ni la hora
en cambio        había un silencio que procuraba en las cosas
cada objeto era en cierto modo esa prolongación hueca
del mismo silencio
un vasto terreno humillado de plegarias y voces
gastándose en olas de arena
arrastrando una cruz en la distancia que parecía volarse
a la par de un suspiro
como si al tacto desvencijado de un bajel fueran a
volcarse las palabras dormidas
una dócil gradación de abandonos y luces y esperas
rendidas en el arco de la noche
encaramados en su manía resuelta de sirena inagotable
                              o en esa salvaje concordancia
de que el tiempo no llega nunca a desprenderse el
fantasma de los labios
Sobre todo porque
        —cuando se abría el mar—
                    podía entreverse un canto del desierto
como si por alguna oscura señal nos indicaran que todo
lo opuesto se contiene
que sobre sí gira todo y que tú y yo sabemos por demás que
somos uno
Así que por no dar algo éramos los dos los que nos
entregábamos

# ARTE DE SOMBRAS

*a Olivier Py*

Esta noche
    todas las sombras
    todos los nombres
    los cantos y las flores
        son una misma palabra
        seres oscuros en la vasta
        insondable configuración
        de crucifijos e instantes
    Somos la noche
    De esta herida
    creamos
    todo

    los astros
    y los días

# AGEOMETRETOS OUDEIS EISITO

*a Laurent Derobert*

Cuántos fantasmas para la última cena
Cuánto dolor en este laberinto de números retirados
            de ecuaciones de silencio
        recogidas con la punta de los dedos
Y esa constelación de formas oscuras
esa mano tendida sobre un campo minado de espejos
acaudalando las sombras de un tiempo que todavía se
empeña en volver
        da vueltas
        retrocede
        y está  i n f i n i t a m e n t e        por venir
a la manera de las pesantes olas de arena
que arrastran el ocaso en ejes de crucifixión y soledad
Donde la historia, ese ángel caído,
nos recuerda la imposible geometría de nuestro abandono
        y nos recuerda  —también—
        que las plegarias aparecen en refracciones
                        en tímidas secuencias
                        que van devanándose
                        como espirales de sueño
                        hasta dar con el centro
                        del mandala

Como si fuera esta promesa del encuentro
          una escritura cabal de la noche
Como si fuera la noche misma la que se repitiera
     virgen sobre sus huellas

Y basta con cerrar los ojos para comenzar de nuevo
     pero bajo otro signo
     con otra cifra tomada con la punta de los dedos

# VIACRUCIS

Camino vereda de sangre
    pies desnudos
    heridos de tanta piedra

mis gruesos pasos de faramina
      pasos nada más...
         humildes,
         esperando magias

    mis más secretos pasos
    mis más desnudos pasos
    mi sangre derramada
    mi andar pausado
    mi divino andar
    mi andar tras-de-ti
    mi búsqueda
    mi no encontrarte
    mi delirio
    mi apostasía
    tu ausencia
    mi luz

Camino vereda de sangre
    pies desnudos
    heridos de tan mortal la piedra

    (duele hasta el alma
    pero no me corro)

tan gólgota la vida
     y yo    cansado
          camino
             camino
                camino

# ATARDECER EN MACEDONIA

Cuando al caminar ya se han gastado todas las calles de Ócrida
no queda voz ni magia   solamente el ser uno más de sus
fantasmas
y buscar el amparo en las espumosas sayas que
desdibujan el ocaso
entre las fauces aguas que dieron aúreo sepulcro a
gredosos navíos
y traspasar así la sombra de estas ruinas envanecidas por
tu ausencia
con pasos que lentamente van desgranándose en ecos de
fe negra
ante los ojos de san Juan Kaneo cuyo mirar se desdobla
eternamente
en hondonadas cequias que se repiten sobre la ajada faz
de un cielo rojo
como el resuello de luz que se avista en el profundo
espejo de la tarde

En un reparo —mirando como quien mira desde lo alto
de un otero—
                se aúpa una inmensa cruz de paisaje que me retiene
                        y me aterra                y me vacía

# JARDIN DE LA RUE DE MONS

*a Lenka Bokova*

Siempre quedarán luciérnagas
tus ojos multiplicados por la noche
atenuándose en pozos de gracia
que infinitamente se recogen
uno a uno en la penumbra
como si por encima
de la vida una
costra de
luz
cediera
ventajosa
ante este triste
casi solitario vacío
lleno por siempre
de luciérnagas

# CLAUSTRO

Y tu ausencia    —que es una columna bíblica—
que se yergue en la mirada como espejismo
que se aumenta el tirso como cielo
                    como nada
Indiviso y transitado
como el árbol que de niños trepábamos el pájaro de angustia
húmedo de sexo y profecías
tan grave como el claustro de Gerona
    como el fruto de piedra de Juan Patriarca
donde alguna vez cuidaste de mí, fantasma amurallado

Antes que tu galería de sagitarios polvos me violente
    tu ausencia —que es una columna bíblica—
                    se vaciará de pronto
                        como cielo
                        como nada

# CANTARINA

Conoces cada palabra    todas las letras que vienen con la
música
conoces incluso las palabras impregnadas del silencio con
que te llamo
eres la pronunciación de las cosas sagradas
eres todos los nombres de dios y los rostros de la noche
las estrellas ceden frente a ti su lenguaje luminario
        como si al pasar tus pies por el mundo
        lo que quedara detrás fuera sólo un rastro de verbos
una tierra removida que busca simular tu boca cuando
cantas y es que conoces cada palabra...

Cada rincón del mundo
es una pequeña luz naciente que se avanza entre fugas y
laberintos
desde la prolongación exacta de tu voz desatada de átomos
y cuerdas de viejos oficios
que traman en tu boca un sinfín de galaxias de sirenas
y la vida canta su cruz alegre
Porque sólo tú conoces cada palabra
todas las letras que vienen con la música

El silencio de la tierra quiebra su rumbo fijo de
soledades y naufragios
mientras yo en vano sigo empeñándome
en nombrar los instantes tocados por la absoluta

sencilla perfección
de esa voz tuya  cuando cantas

# NOCTURNO DE ÉFESO

*a mi hermano Darío*

Tu ausencia
    esa sombra
    desprendida
    proyección
    sagital
    que atraviesa
        cuatrocientos ríos
        cuatrocientos soles
        un solo día

y cada vez que vuelve
    es siempre
    la misma
    sombría
    herida

# HIC SVNT DRACONES

*a Cecilia Richards*

Arderán en giros los dragones
    los silencios de tantas mitologías
    caerán desarmados de boca en boca
        como hojarasca de un sinfín de otoños
    condenado el fuego al centro de la tierra
    confundiéndose entre pétalos de noche
    la sombra      con todas sus palabras
    la luz        con todos sus demonios
    y esta triste ausencia tuya
que hará brotar infinitas voces
    el mito sepultado
    en cada línea
    de tu mano

# CURADURÍA

*a Jean-Marc Ferrari*
[Pietà en la Iglesia Santa Clara, Aviñón]

Y de este polvo haré brotar las palabras
: esos seres oscuros
y haré
también
que tu pigmento tome el color de mis plegarias
de a poco,
iré tramando ecuaciones que se amolden a tus trazos
que descubran uno a uno los trazos que otras manos en
ti dibujaron
y así vayan brotando, como plegarias también, las líneas,
los pliegues
como cierto libro que al abrirse deja escapar su alma en
pájaros de otoño
esas negras espirales que se adentran en la palabra como
en una quimera
este laberinto de nombres que refleja mil espejos en sus
mil ojos de infinito
mientras que los sueños van formándose en ecos de
ceguera en torno a la piedad

Y de este polvo
haré brotar los ojos que concibieron cada mínima parte
de tu cuerpo
una mirada que reconozca      a golpe de instinto
los fantasmas que yacen en tus ruinas
que a la manera de un curandero

intuya en todas las voces las manías del cuadro
con la santa vista constelada de abismo
      a refundir la eterna pavesa del instante
del hondo pozo negro del hombre solo que clama
solitario por su incuria
donde un haz de lágrimas rojas discurre enigmas como
laureles de duda

Y de este polvo milenario haré nacer las palabras
                : esos seres oscuros
Como una curación para nosotros,
             que somos oscuros también

# REVOLUCIÓN

Si tan sólo
    por primera vez
    el ser humano
        se encontrase
        solo de frente
        a la humanidad presente

una familia
    de miradas
un gran estuario
    de voces
el abundante
                canto
                imposible
        del cenzontle

esta revolución
        consiste
    en dar a luz
                nuevas
                infinitas
                flores

# SOUVENIR DE CÓRCEGA

*a Anastasija Yurievna*

Córcega nació de tus ojos
  del destello de luz que tienen tus ojos
  detrás de cada cosa se esconde un canto el alma tuya
Y si vuelvo la mirada estás tú
  —arrebatada y confusa—
  como una tormenta de nieve en Pisciatellu
  o como esa otra autopista que desciende por el sur
  entre ríos de montaña hasta Porto-Vecchio
Y sé muy bien que ahí estarás
  convertida en ola o en sirena de sueño
  en el espacio arrebolado que se extiende
  más allá de los navíos y los suspiros de horizonte
  figurada en el murmullo de luz entre mimosas
Naces con el aura  del reflejo del mar en Rundinara
  detrás de cada cortina de humo
  que a tientas se avanza como brazo para buscar
  tu mano herida de silencio
  —arrebatada y confusa—
  como esas mujeres que en Bastia jugaban a perderse
  entre las sábanas de aquel turista enamorado
o como ese gesto vivo de traer detrás de ti tu luminosa
cabellera
  cuando acaso llega a cubrirte la cara

Y de pronto me aparece que      al cerrar tú los párpados
el mundo va apagándose su vela en atardeceres de olvido
Pues son tus ojos la luz que hace nacer la vida al universo

# NOCTURNO // INVOCACIÓN AL MONTE

Por algo que la noche no impida
por un conjuro de elementos que se fundan
que se encuentren como jardines       como historias
esa alquimia de palabras y noches y por algo que no impida
Por una suerte negra de malentendidos, de acertijos que
se tiran
como dados en un rastro de tierra suelta, como el polvo
que se mueve
Ese polvo que fuere un espejo, que fuere todas las noches
y los días y...
esta noche y este día       este momento que se agranda
como cielo
que se ensancha como los ojos muertos roídos por la ceguera
porque ver no es cosa de la vista es más bien una maniobra
de olvido
un hacinamiento de presencias gastadas, de puertas
envejecidas
del clamor y la herrumbre que puebla las aldabas de no
sé qué templo
       ... o será esa cosa negra que llaman ausencia
y que tiene tantos nombres y que tiene tantos rostros
como dios
Por todo así,       por algo más y por algo que la noche no
impida

# TINTINNABULI // FÖR ELEKTRA

Una vez más:
sueño.
Me aparece el río

Acaso
un simple murmullo

El eco
de un silencio
y la distancia que de él
se desprende

Este instante

que encuentra espejos
y abre zanjas
en todos los tiempos
y cada uno
y otro
Menos éste

Que al sumarse todo
Sueño

Nueve veces la luna
Y tus ojos siempre pares

# MARIA KYRKA

*a mamá y papá*
*a mi hermano*

Sé muy bien que mi redentor vive
que al final del día levantará su sombra
para tenerme entre sus mil brazos de infinito
por encima del polvo y las noches tristes

aún después de deshecha mi piel         el alma
mi carne alineada con las coordenadas celestes
abrirá un instante profundo en el que veré a dios
me vaciaré a mí mismo en el gran caudal del señor
        —al cual yo mismo contemplaré silencioso—
        y a quien mis ojos verán y no los de los otros

conoceré
        las verdades y todos sus nombres
        cada palabra que conjura el ritmo de los astros
conoceré        incluso
        el más ínfimo movimiento de la montaña
para luego olvidarlo todo en un breve murmullo de río

ese instante en que mi corazón por siempre enamorado
de ti
desfallecerá en mis adentros
        en lo más profundo de todos
        y cada uno de los seres
        que habitan el mundo

# HIMNO ESENCIAL

Mujer        tendón de cielo
             vitral del templo fuerte
dame a morder el fruto de la vida
             tu coyuntura de signos
Tú...
             ensanchado laberinto donde la voz descansa
Desbórdate,
             anídate,
             nutre la tierra seca
Deja caer tus modos con un gesto suave
convida de tu sumo elemento a los hombres
Mujer callada        triste        transparente
envuélveme con tu manto piadoso
             tu saludo materno
             la pulsación única de la desbandada
Presérvame,
             en la existencia como en la muerte

Mujer             sagrario de misterios
                  desierto de apóstoles confinados
dame a beber el agua de tus ojos
Renuévate,
             siembra tus raíces por la tierra
             haz nacer en la tierra la vida infranqueable
Tú eres la diosa desmembrada
                  el alimento primario de los seres
                  En ti se conjuntan las aguas
                  eres el pozo único del mundo

                    hacia ti se encauzan los espejos,
          se envuelven, se tornan
Un ovillo maduro y etéreo
          y el drama de todos los días [...]   teatral imperio

¿Cuál es la urgencia de luz que se clava en tus kheíres?

hay una nebulosa          detrás de tus ojos
hay una nebulosa que se levanta y se aísla
          detrás de tus ojos...
          El espacio contenido en los muros de hielo
          El telón llano          abierto
          hasta la última instancia del apetito
una mirada expresa ante el hombre inerme
una alquimia de brújula desahuciada

Mujer          temblor de cielo
          espada de luz que parte el universo en dos mitades
          Geómetra,
límpida exactitud de los dedos que tejen ciudades
          Mítica fundadora de los cielos
          no estés mucho tiempo lejos de mí

Mujer          quinta de los remedios
          sagital encuentro de figuras opulentas
Sujétame,
          aparca en mí tu desfile de esperanza
Trae al mundo otro Cristo
          Infunde en él
          —y en todos los hombres—
          otra oportunidad de vivir

Exhibe en el púlpito tus mil mejillas intactas
La humanidad no te alcanza porque tú misma eres humana
Exhibe entonces          tu naturaleza salvaje
Abre la palma de tu mano
          para desencadenarnos
Abre la palma de tu mano
          para encomendarnos un volumen más pesado
y transparente
Déjanos ver a través del combo de la noche de tus venas
Tú eres la mesura áurica,
la soberana perfecta          mística y guerrera

Mujer...
          hay una conciliación de las fuerzas dentro tuyo
          y tu arte es devolver al hombre
          la imposible aritmética del mundo
Otórgame la redención y dame las armas
          Concédeme el deseo de tu compañía
          Haz que surjan en mí la pasión y el asombro
          Llena mis ojos con tu acuosa presencia
          tu mar adentro,          fruto maduro y perenne
Llévame de la mano por el pedregal de los sueños
Sangre roja de la llaga profunda
          Cúrame,
          resguárdame en tu regazo de naciones
Mujer          suave patria
          escudo de las civilizaciones proscritas
          ayuntamiento de los soles muertos
Mujer          soy una herida abierta en el tiempo infinito
          soy una herida abierta al pie del camino
          soy una triste sombra que pasa

bordeando el río
                      y no quiero tocarte con mi muerte...
Mujer          luz de mis atardeceres
               los barcos navegan en tu órbita
Eres tú el itinerario del hombre nómada
Guíame hasta tu encuentro,            solitaria
Líbrame de todo mal
                    fuente inagotable de estancias
         llevas en el pulso la inercia de los días
         llevas en la boca el silencio suspendido
         la bóveda transparente y esencial
         aposento de los zumos nutricios
Tu gobierno utópico e increíblemente justo      y posible
y verdadero


Revela tu cuerpo al inocente
Mujer desnuda, puerto del loco Ulises
         yaces en decúbito
         paralela al horizonte
         tus alcores donde se esconden los astros
         los hemisferios de la tristeza
y el olvido


Somos dos aves alzando el vuelo
         y tú eres más libre y vuelas más alto
Somos dos aves cruzando el paisaje
         y tu paisaje es más bello y atiborrado
         y todo lo que haces es más una leyenda de semillas,
una sacra entidad
Todo lo tuyo es un cardumen de entresijos
donde yo me pierdo      y te pierdo      y nos aterra...

# ÍNDICE